Den roten Sonnenball umarmen

BOOKS on DEMAND

Widmung

„Komm, lass uns mit Worten spielen",
sagte Wilfried bei einem unserer Treffen.

… und er wünschte sich, dieses Buch in
seinen Händen zu halten.

Hella Lach   Dagmar Westphal

Den roten Sonnenball umarmen

Bibliografische Information der Deutschen Nationalbibliothek:
Die Deutsche Nationalbibliothek verzeichnet diese Publikation in der Deut-
schen Nationalbibliografie; detaillierte bibliografische Daten sind im Internet
über http://dnb.dnb.de abrufbar.

© *2017 Name des Autors/Rechteinhabers* **Hella Lach/**
Dagmar Westphal

Bilder: **Sabine Strothe, Celle**
Covergestaltung: **Christine Lach, Isernhagen**

Herstellung und Verlag: BoD – Books on Demand, Norderstedt

ISBN: 978-3-7448-5252-4

Auftakt

Ich wurde einmal bei einem Interview gefragt:
„Warum zieht man von der Nordseeküste in die Heide?
War die Liebe schuld?"

Ich musste lachen und sagte mit ein wenig Wehmut:
„Wird man als Kind gefragt? Nein, es war die Wohnungsnot!"
Mutter, meine Schwester und ich lebten 10 Jahre nach
Kriegsende noch immer in eineinhalb Zimmern im
Haus meiner Großeltern. In der Region Cuxhaven standen keine Wohnungen zur Verfügung.

Eine Kriegerwitwe besuchte ihre resolute Kusine. Hierbei wurde der Grundstein gelegt für ein Siedlungshaus.
So kam ich nach Celle.

Ach ja, hier fand ich die eine und die andere Liebe:
Geschichten schreiben!

Ich lehne mich gerne an einen Baum, der seine Wurzeln
in den Boden treibt - ob am Wasser oder in der Heide –
überall ist Heimat.

© Hella Lach

Als ich vor über 10 Jahren nach Winsen zog, lernte ich Hella und Wilfried kennen. Im März 2014 musste er uns für immer verlassen. Aber mit seinen Texten ist er bis heute mitten unter uns.

Ich erinnere mich noch sehr genau an meine erste Begegnung. Es war beim monatlichen Treffen der Schreibgruppe in Winsen. Er saß im Rollstuhl und wartete darauf, dass ihm jemand half, um die Stufen ins Haus zu überwinden. Wir wechselten ein paar Worte, und ein paar Sätze später sagte er ganz unvermittelt zu mir:
„Du bist ein lieber Mensch."
Ich war etwas irritiert und wehrte ab.

Ich wusste nicht, was er damit ausdrücken wollte. Erklärend fügte er hinzu:
„Du sprichst mit mir so wie mit den anderen."
Und ich sagte:
„Ja, warum nicht – das ist doch selbstverständlich."

Aber plötzlich erkannte ich, dass das nicht ganz der Wahrheit entsprach. Nichts war selbstverständlich. Bis zu diesem Augenblick hatte ich noch nie Kontakt zu einem Menschen im Rollstuhl. Innerlich war ich gar nicht so unbefangen, wie ich nach außen wirkte. Wie sollte ich mich verhalten? Mehr Zuwendung würde auch mehr Mitleid bedeuten – und das hieße mich anders zu verhalten als anderen gegenüber. Ich war hilflos – und ich schämte mich ...

Dann löste sich der Schreibkreis auf. Hella war auch noch in der Schreibwerkstatt der VHS und ich im Autorenkreis Celle. Aber für Wilfried war Celle zu weit entfernt, um mit seinem Rolli daran teilzunehmen. Das tat mir leid.

Zu schreiben und sich darüber auszutauschen, war sein Lebensinhalt als MS-Kranker im Rollstuhl. Von Jahr zu Jahr hatte er auf vieles verzichten lernen müssen: auf seine Bienen, seine handwerklichen Tätigkeiten und auch auf das Zeichnen.

Hella und ich beschlossen, ihn regelmäßig in seinem Gartenhaus zu besuchen in der Welt seiner Bücher. Wir stellten gegenseitig unsere Texte vor, feilten gemeinsam an Worten und Sätzen.

Und dann geschah etwas Merkwürdiges: Hatte ich ihn anfangs vielleicht doch nur aus Mitleid besucht, entdeckte ich, dass ich mich in unseren Gesprächen über Gott und die Welt als die Beschenkte fühlte, und es entstand eine über 7 Jahre dauernde Freundschaft, bis er von uns gerufen wurde.

Warum schreibe ich –
um mir und den anderen
nahe zu sein.

Dieser japanische Dreizeiler (Senryu) sagt: im Schreiben verbinde ich meine innere Welt mit der äußeren, alles Erlebte wird leichter erträglich – seit meiner Kindheit in den Nachkriegsjahren.

Gartenidylle

Die Wolken hängen voller Schnee

Die Wolken hängen voller Schnee –
wie gerne würde ich am Abend
den roten Sonnenball umarmen
damit er meine Glieder wärmt
doch er rollt weiter
über diese Welt hinaus
und zieht das Dunkel hinter sich
und eine kalte Nacht -
und ich frage mich
wird sich der Himmel
zu mir neigen
wenn er es sieht
dass ich zu schwach bin
um hinaufzusteigen?

© Wilfried Milter

Valentinstag

Geleitet
vom Strom des Lebens
vor langer Zeit
voller Hoffnung und Freude
die Welt umarmt

Gezogen
vom Strudel der Gegenwart
seit langer Zeit
voller Hoffnung und Kampf
die Menschen geliebt

Geschwommen
mit dem Strom des Lebens
sehr lange Zeit
voller Hoffnung und Stärke
dich nie aufgegeben

Dafür umarme ich Dich

© Hella Lach

Mit Kinderaugen

Komm alter Mann erzähle mir
von Sternenblumenkindern
die in Trippelschritten gehen
durch die Unendlichkeit.

Komm alter Mann erzähle
wie das Leben sich verzweigt
und blüht und trägt so schwer
an Frucht in jedem Wesen.

Komm alter Mann erzähl es mir
solange ich noch staunen kann –
bin ich dem Augenblick entwachsen
ist all das selbstverständlich.

© Dagmar Westphal

Einmal im Jahr

Einmal im Jahr kam für uns Kinder
in unser Dorf zu einem Fest
ein Karussell mit bunt geschnitzten
Tieren die sich sehnten
dass alle Kinder mutig sie bestiegen.

Die Tiere mit den braunen Sätteln
die zogen Schlitten oder Kutschen
und hinter ihnen liefen Tiger
und gelbe Löwen die die Pferde trieben
in einem Rund das niemals endet.

Ein Groschen reichte aus
damit die Sättel Reiter fanden
ein Groschen nur für Kinderträume
damit Musik erklang und wie der Wind
das Karussell sich drehte.

Wir hielten an der Hand uns beide
mein kleiner Bruder und auch ich
wir wären gerne mitgefahren -
wir hatten diesen Groschen nicht
und Mutter konnte ihn nicht geben.

© Wilfried Milter

12

Sehnsucht

Wir biegen uns wie Ähren
im Wind geborgen wie Kinder
glücklich uns zu finden.

Wenn meine Tränen Perlen wären
würde ich diese Kette
um dich und mich binden …
Dein Bild an der Wand
Du lächelst.

© Hella Lach

Lächelnd

Wandle ich
auf alten Pfaden
treffe ich dich
lächelnd
grüßt du mich

leichter Hauch
Erinnerung
schöne Zeit
lächelnd
verabschiedest du dich.

© Hella Lach

Aus der Jugendzeit

Wer kennt nicht dieses amüsante Spiel: Ich packe meinen Koffer und nehme mit … von winzig bis zum Eiffelturm, kurios und sinnlos - der Spaß steht im Vordergrund, in diesen Koffer passt alles!

Ich frage mich: kann man auch Lebensfreude in einen Koffer packen? Dabei muss ich an meine Oma denken - und ich packe den Koffer der Erinnerungen an meine Kindheit.

Ich stehe neben ihr und schaue fasziniert zu, wie sie sich für den sonntäglichen Kirchgang schönmacht. Die auf dem Kohleherd erhitzte Brennschere hinterlässt in dem streng zurückgekämmten Haar gleichmäßige weiche Wellen, die am Dutt im Nacken auslaufen. Der schwarze Hut, elegant verziert mit einem Spitzenschleier, darf nicht fehlen. Mein langes blondes Haar ist geflochten und zu zwei „Affenschaukeln" befestigt. Jetzt sind wir fein für die Kirche!

„Ich möchte so gerne auch mal mit dem Ondulierstab hübsch gemacht werden!"
„Dafür bist du noch zu klein. Wenn du alt genug bist, mache ich dir auch so schöne Wellen."

Doch eines Tages ist sie nicht mehr da. Zur Beerdigung darf ich nicht mitgehen – mir bleibt nur das Bild von ihr: sie steht in der Küche vor dem Herd, der Sonntagsbraten schmort im Topf und dabei singt sie ihr Lieblingslied: „aus der Jugendzeit, aus der Jugendzeit …"

Die geräumige Küche ist mein Spielfeld. Ich sehe vor mir die kleinen goldgelben „Picker", die in der Küche groß wurden, höre ihr Gepiepse. Ich erinnere mich an einen bissigen Hahn, an die Hunde, die meinen Opa auf die Jagd begleiteten, „Heidewachtel" sind es, mit denen ich herumtolle.

Die Hündin liegt in einer mit Stroh ausgepolsterten Hütte, ich darf sie mit ihr teilen. Aber ich lerne auch ihre andere Seite kennen: anstatt mit einer schmusenden ist die Hütte plötzlich mit einer knurrenden Hündin belegt: 13 Welpen hat sie zu beschützen!

Wir wohnen im Hause der Großeltern auf einem großen Grundstück mit Stachelbeer- und schwarzen Johannisbeersträuchern, einem Gemüsegarten und einer Obstwiese, in deren Bäumen ich in waghalsigen Kletterpartien seiltanze.

Wenn wir zu Opas zweitem Garten gehen, darf ich stets in dem flachen Bollerwagen sitzen. Ich sehe zum ersten Mal einen Maulwurf, wie er sich aus einem Erdhaufen schaufelt. Nicht der Liebling meines Großvaters, der schon mit dem Spaten bereitsteht.
„Ein gutes Fell für einen Wintermantel", höre ich ihn sagen, hat er es ernst gemeint?

Und dann ist da noch mein eigener kleiner Garten mit meinen liebsten Frühlingsblumen, den Narzissen. Dort darf ich einsäen und pflanzen, was ich will.

Oft streifen wir über die Wiesen und sammeln Champignons. Ich mag zwar keine Pilze, aber sie suchen und einsammeln! Begeistert pirschen wir im Morgengrauen über die Deichwiesen: Opa, das Gewehr über die Schulter gelegt, und ich halte den Hund an der Leine. Um uns die Nordseeluft und das „Kiju-witt" der Kiebitze. Heute haben die Hasen Ruhetag!

Eine große Vertrautheit ist zwischen uns, wenn ich meine Schulaufgaben mache. Schnell will ich Lesen und Schreiben lernen, auch die Verse in Sütterlinschrift in den Poesiealben meiner Großeltern. Opa hat noch den Rechenschieber aus seiner Schulzeit, er schenkt ihn mir – ein wundervoller Lehrer! Und danach spielen wir „Mühle" und „Dame" auf einem von ihm gebauten Spielfeld. Habe ich einen Vater vermisst? Ich habe doch meinen Großvater!

„Legst du mir immer Blumen auf mein Grab?" Diesen letzten Satz von ihm habe ich nie vergessen. Ein Koffer ist gefüllt.

© Hella Lach

Niemandsleid

Sonnenburgenkinderhort –
blaue Welle spült mich fort
in das Reich der großen Augen.

Eisgestielter Möwenschrei –
rote Schaufel gräbt dich frei
Kinderglück mit festen Fäusten.

Schatten springen sturmgeballt –
schwarze Qualle reißt dich bald
Kinderglück ins offene Meer.

Welle hüpft und Wellen raunen –
Kinderlachen schwimmt schon weit
fort zur Insel Niemandsleid.

© Dagmar Westphal

Glockenblume

Am Morgen

Erwachender Tag,
an meine traumschwere Schläfe
lehnst du dein Regengesicht

schlägst deine Sekunden
an meine vergängliche Stirn,
was willst du von mir?

Du fesselst mich – kann nicht
fliehen vor dir, du
trägst ein Unschuldsgesicht …

in deinen Arm meine Angst
in deine geöffneten Lippen
leg ich mein Lächeln.

© Dagmar Westphal

Venedig 59

Nacht taumelte durch alle Gassen
und über den Kanälen hingen
lang die Regenschnüre
als ließen sie sich irgendwann
zu etwas Neuem stricken.

Verloren stand er vor dem Haus
und da war niemand der es hörte
sein Pochen losgelöst von aller Zeit –
aus einer Klappe nur ein müder Blick:
geh weiter, du bist mir zu nass.

Wo findet er ein Lager diese Nacht …
ein Schatten hastet auf ihn zu
so voller Regen wie auch er
und eine Hand greift nach der seinen
und zieht ihn mit sich wie bestimmt.

Als heiß das Wasser in die Wanne rauscht
sieht er es ist ein Mädchen und
ihren Körper spürt er nah ganz nah
wie seinen eigenen.

Kann dich nicht lieben lass mich
deine Schwester sein wenn du es kannst
zerteilen ihre Worte all sein Denken -
zu Gift in dir würde das andere werden
ein Schmerz der nie mehr dich verlässt.

© Wilfried Milter

Ich habe einen Traum

„Tagträumer", hast du zu mir gesagt.
„Nachtträumer!" entschlüpft es mir schlagartig.
Du hast gelacht und gesagt:
„Ich habe schöne Träume – fast jede Nacht …"

„Was sind schon Träume in der Nacht, die nie bewusst erlebt werden können, weil sie entschwinden, sobald du erwachst. Träume sind nicht real."

Ich wünsche mir immer, dieses in der Nacht Geträumte einmal zu behalten, um bewusst jede Einzelheit in mich aufzunehmen und zu verstehen. Zu träumen oder Tagträume zu haben – welch ein Unterschied! Liegen nicht Welten dazwischen?

Wir gehen am Strand entlang. Welle für Welle umspült unsere nackten Füße, der Wind weht mir deine Haare ins Gesicht. Du hast meine Hand genommen, der sanfte Druck deiner Finger zeigt mir, dass du weißt, was ich denke. Du kennst meinen Traum. In der Geborgenheit deiner Nähe hänge ich meinen Gedanken nach.

© Hella Lach

Busenfreundinnen

Warum eigentlich nicht? Mit einem glockenhellen Lachen und einer Handbewegung schüttelt Ramona diese Frage ab. Der Übermut spritzt aus ihren Augen, als sie ihre Freundin Elke endlich im Gewühl der Menschen entdeckt.

„Da bist du ja, du warst lange weg", schmollt Elke. „Ich hab dich gesucht." Bewusst hat sich Ramona zur Seite gedreht, der Satz geht unter in der Geräuschkulisse.

„Bababbababbadadd", trillert sie vor sich hin, sie ist in Hochstimmung. Ja, sie hat es getan! Rasch zieht sie Elke auf die Tanzfläche. Ihre Füße schweben über dem Boden, eine Leichtigkeit ist in ihr und ein unbeschreibliches Gefühl …

„Wo Hagen nur bleibt …" Suchend schweifen Elkes Augen über die Menschenmenge. Sie ist den Tränen nahe. Hat sie sich getäuscht – wollte Hagen ihr heute keinen Antrag machen? Überhastet stürzt sie von der Tanzfläche.

Verwirrt starrt Ramona ihr nach. Ihr glockenhelles Lachen erstirbt.

© Hella Lach

Gesucht und gefunden

Bevor er ihr einen Heiratsantrag macht, prüft er den Sitz seines nagelneuen Anzuges über seinem knackigen Po. Blitzend neue Schuhe und die farbenfrohe Krawatte erhöhen seine Vorfreude. Die geschmackvollen Manschettenknöpfe vollenden seinen guten Eindruck, als er seine Liebeserklärung dem Spiegel anvertraut. Beim Anblick seiner blendend weißen Zähne spürt er bereits unweigerlich den Kuss … ach ja, Mundspray noch.

Er betrachtet den Siegelring und seine sauberen manikürten Fingernägel. Dezent der Oberlippenbart und erst sein Duft … die perfekte Ausstrahlung!

Etwas später kniet er vor ihr mit einer Rose in der Hand.

„Joana, willst du meine Frau werden?"
„Ja, Maximilian!"
Sie schmunzelt und streicht über sein ungekämmtes Haar.

© Hella Lach

Rosenstrauch

Wally

Kein rotes oder blaues Band ziert die Briefe und Karten. Corinna hatte sie im Koffer mit den Familienpapieren gefunden. Seit Jahrzehnten schlummerten sie dort zwischen alten Belegen. Der Name Walter gibt eine vage Erinnerung frei. Corinna fischt willkürlich einen Umschlag mit einer Doppelkarte heraus, auf dem Deckblatt steht: ALLES IST SO TROSTLOS OHNE DICH.

Sie liest weiter: „Sylt, 17.07.67, liebe Corinna, habe heute Deinen lang ersehnten Brief erhalten. Verzeih bitte, wenn ich in meinem letzten Brief zu hart war. Du hast mich tatsächlich aus dem Häuschen gebracht, als Du ohne Abschied verschwunden warst. Ein Mann denkt anders als eine Frau. Fünf Minuten reichten, um mich für Dich zu entscheiden. Ich brauche DICH!"

Corinna streicht über ihre Stirn, überfliegt die nächsten Zeilen bis zu dem Satz: „Du brauchst einen Beschützer. Ich wollte Dir doch helfen."

Du meine Güte, was habe ich damals bloß erzählt, fragt sich Corinna.

Sylt, die Insel der Reichen und Schönen. Es war ihr erster Urlaub. Mit ihrer jüngeren Schwester war sie für 3 Wochen nach Westerland gefahren. Sie hatten die ganze Zeit viel Spaß und wollten sich zum Abschluss noch einmal so richtig amüsieren. So landeten sie in einer typisch friesischen Gaststätte, wo es hoch herging. Corinna ließ ihren Blick durch das Lokal gleiten und blieb an einem Augenpaar hängen. Sie hatte nichts gegen einen Urlaubsflirt.

Corinna zählt 19 Zusendungen von Anfang bis Ende Juli 1967, sortiert die Briefe nach Daten und legt den Stapel in die Schublade ihres Schreibtisches. 42 Jahre ist das jetzt her! Sie geht ins Wohnzimmer, schenkt sich ein Glas Wein ein.

Wally – wie schrecklich! Sie hatte ihn immer Walter genannt. Sein Gesicht nimmt Konturen an, sie sieht es jetzt deutlich vor sich. Es sollte doch nur ein Urlaubsflirt sein. Aus einer Laune heraus hatte sie ihn in eine Beschützerrolle gedrängt. Für sie war es nur ein Spaß. Als er mit dem Verlobungsring vor ihr stand, hatte sie Panik bekommen und war mit ihrer Schwester sofort abgereist. Und dann waren diese lästigen Briefe gekommen … Wie gedankenlos und leichtsinnig war sie!

Sie überfliegt die Briefe. Es waren ellenlange sich wiederholende Schreiben, die sie damals eingeschüchtert hatten. Sie erinnert sich, doch noch einmal geantwortet zu haben, aber was sie schrieb, fällt ihr nicht mehr ein. Sie hält seine letzte Karte in der Hand. Niemals mehr würde sie mit einem Menschen so spielen.

© Hella Lach

ICH wie DU

Wieder
habe ich den Tag
verstreichen lassen

jeden Tag -
ich könnte mich dafür hassen
immer wieder

Und dann kam Ida

Wieder
habe ich die Nacht
verstreichen lassen

jede Nacht-
ich könnte mich dafür hassen
immer wieder

Und dann ging Ida

Wieder
habe ich das Jahr
verstreichen lassen

jedes Jahr -
ich könnte mich dafür hassen
immer wieder

Und doch blieb Ida

Wieder
habe ich Jahre
verstreichen lassen

jeden Tag -
jede Nacht -
mit Ida verbracht -
träume weiter – immer wieder

Ich kann dich nicht dafür hassen -
nicht DICH, die mich geboren -
DEIN Glück bin ICH.

© Hella Lach

besonnen

der Rahmen ist alt - sagt er
uralt sagt sie
er schaut das Bild an
sie schaut ihn an

das Bild ist schön – sagt sie
farblos sagt er
sie schaut das Bild an
er schaut sie an

das Bild gehört mir – sagt er
schäm dich sagt sie
er schaut zur Seite
sie schaut ihn an

der Rahmen ist wie du – sagt sie
gerissen sagt er
sie schaut zur Seite
er schaut sie an

Symbol der Vergänglichkeit - sagt er
wertvoll für dich und mich – sagt sie
er schaut zum Rahmen
sie schaut ihn an

wir sind der Rahmen – sagt sie
geschlossen vereint – sagt er
sie schaut ihn an
er schaut sie an

rahmenlos verlieren sich Vergangenheit
und Zukunft ins Unendliche

© Hella Lach

Dame der guten Gesellschaft

Eine ältere Dame schwärmt von ihrer vergangenen Schönheit, vom Schnürkorsett und ihrer Wespentaille. Lebhaft erzählt sie von den abwechslungsreichen Bällen, der Galanterie der Herren und ihren Handküssen – aber auch von den strengen Gouvernanten.

Ein Lächeln glättet die reichhaltigen Lachfältchen und zaubert ein entzückendes Grübchen hervor. Was für ein Vergnügen bereitete es ihr und ihren Freundinnen, mit ihrer Koketterie die Verehrer bis an den Rand der Sittlichkeit zu reizen: das hauchdünne Etwas von Taschentuch wie zufällig fallen zu lassen oder ein wenig von ihren Fesseln zu zeigen.

„Ja, ja", sagt sie mit leiser ausdrucksvoller Stimme, „die langen wohlgeformten Beine einer Frau reizen die Herren der Schöpfung mehr als ein hübsches Gesicht oder ein nackter Körper."

Anmutig hebt sie ihren Rock bis unterhalb des Knies und zeigt ihre schlanken makellosen Fesseln. Tatsächlich: diese Beine lassen die Vergänglichkeit der Schönheit vergessen. „Erotik ist zeitlos", haucht sie.

© Hella Lach

Wie man sich bettet

Es ist eine Wissenschaft für sich, beim Kauf die richtige Matratze zu finden. Ein außergewöhnliches Exemplar kommt aus der Schweiz: mit dem dazu gehörenden Bett bringt es uns auf Knopfdruck in jede gewünschte Schlaf- oder Wachstellung. Stunden dauert die Beratung mit Probeliegen und der Erklärung technischer Einzelheiten. In unseren Köpfen ist es wirr. Der Verkäufer lädt zu Kaffee und Kuchen ins hauseigene Restaurant. Seine Argumente beflügeln unsere Gedanken über den Kauf einer Matratze hinaus, und wir schmieden waghalsige Pläne zur Neugestaltung unseres Schlafzimmers.

„Es gibt ein Matratzengesetz!", sprudelt es plötzlich aus mir heraus, „wegen der überwältigenden Auswirkungen hat es Norwegen 2009 eingeführt. Von der Gummimatte bis zur Komfortmatratze ist für jeden etwas dabei. Ist der Besitzer anfangs etwas skeptisch, machen die Benutzer einen äußerst vergnügten Eindruck, unterm Strich wird noch Gewinn erzielt!"

„Petra, unsere Matratze hat uns zwar Kindersegen gebracht, aber keine Mehreinnahme!"
„Ach ja Robert, ich habe vergessen zu sagen, dass es sich um Kühe handelt. Wegen des gesteigerten Komforts der Unterlage geben sie 10 % mehr Milch. Auch uns wird die richtige Kaufentscheidung mehr Lebensfreude und körperlichen Auftrieb geben."

Wir beschließen, kein neues Schlafzimmer zu kaufen, sondern zwei besonders gute Matratzen. Eine gute Unterlage macht nicht nur Kühe glücklich.

© Hella Lach

Mit Mut ins Neue Jahr

Am 1. Tag des neuen Jahres beschließt Herr Mut, seine guten Vorsätze in die Tat umzusetzen und verfasst eine Annonce:
MIT MUT INS NEUE JAHR! TRAU DICH UND RUF MICH AN UNTER DER NUMMER 111222!

Mutig nimmt er den ersten Anruf entgegen: Frau Klein. In Gedanken sieht er sie vor sich: klein und stupsnäsig, zierliche Füße. Herr Mut fühlt seinen Mut schwellen. Aber bei der Vorstellung, diese Verbindung mit einem gemeinsamen Namen zu präsentieren, schrumpft ihm der Mut. Als Herr Klein-Mut in die Zukunft zu schreiten, ist nicht sehr verheißungsvoll. Kleinmütig beendet er die kaum begonnene Beziehung.

Als nächste lässt Frau Hoch sein Herz klingeln und schweben, aber der Verstand bringt Herrn Mut auf den Boden der Tatsachen zurück:

Hoch-Mut zu heißen – nein, nicht sehr verlockend!

Bei Frau Waage schöpft er wieder Mut. Gelassen und ausgeglichen – so wünscht er sich eine Partnerin. Aber leider entpuppt sich Frau Waage nach kurzer Zeit als entschieden zu waagemutig. Herr Mut nimmt seinen Hut.

Nach Erhalt eines Briefes, dessen Absender sich als D. Mut offenbart, verlässt Herrn Mut vollends der Mut. Diese Zurückhaltung geheimnisvoller Fülle weiblicher Buchstaben eines Vornamens – bei aller DeMut: nein! Herr Mut fühlt sich gedemütigt. Nach Inventur seiner Gefühle zweifelt er an der Berechtigung, den Namen MUT zu tragen.

Er benötigt nun fachfrauliche Hilfe.

„FROHGE Seelenmassagen", verrät ihm ein Namensschild an einer Haustür. Er drückt den Klingelalarmknopf und überlässt sich den Händen von Frau Frohge.

Nach vollendeter Seelenmassage prangt bald darauf ein neues Schild an der Tür:

FROHGE-MUT Herzensauftrieb 6. Stock links …

© Dagmar Westphal

Kikra – Kinderkram oder der Kürzungsfimmel (Küfi)

Krimkom (Kriminalkomödie) in einem Akt

Es wirken mit: Vater, Mutter, Tochter, Er.

T: (stürzt jammernd in die Arme der M): Mama, Mama! Er hat einen TOSUAN gekriegt!

M: Einen Tobsuchtsanfall? Was ist denn passiert?

T: (schluchzend): Ich war mal wieder pleite, du weißt schon … wegen der neuen WaMa und dann hab ich mir noch eine neue NäMa gekauft …

M: Ja, ein bisschen viel, eine Waschmaschine u n d eine Nähmaschine …

T: … und das zu den Schulden bei der Kosme und dem Fice …

M: Was, Schulden bei der Kosmetikerin und im Fitnescenter?

T: (schluchzt): Ja, und dann hat er meinen GoFi auf den KoHau geschmissen –

nur weil ich das UKo geplündert habe …

M: den Goldfisch auf den Komposthaufen, unmöglich, dieser Kerl, Vatter sach doch auch mal wass!

V: (Zeitung lesend): KiKra, alles Kikra! Das Urlaubskonto plündern …

M: Nee, is doch kein Kinderkram, und was war dann?

T: (wütend): dann hab ich seine BriMaSa in den KaO geworfen.

M: Waas – die teure Briefmarkensammlung in den Kachelofen?

T: (zuckt die Schultern): tja, und dann hat er sich den VoSchla geschnappt …

M: (kreischt): du lieber Himmel, doch nicht den Vorschlaghammer!

T: … doch … und meinen DriWa zertrümmert …

M: den nagelneuen Drittwagen! Vatter, tu doch wass!

V: (trocken); da hilft nur noch der Scheiri.

T: (der Scheidungsrichter? Nee – das ist ein Fall für die MoKo.

Ich hab ihm nämlich RaGi gegeben.

V: Die Mordkommission. Wegen RaGi? Das bisschen Rattengift bringt den doch nicht um!

Er: (kommt strahlend auf die Bühne, in jedem Arm eine Frau):

Nee, im Gegenteil: das ist ein SuPoMi.

Alle: ein Superpotenzmittel!

© Dagmar Westphal

Gassi gehen

Der Vollmond scheint durch die Jalousie. Schlaflos entschließt sich Carola zu einem Nachtspaziergang. Die gelbe Kugel zieht sie magisch an. Auf der Bank im Bushäuschen verliert sie sich in ihren Gedanken. Wind spielt mit dem Geäst der Sträucher. Die Straßenlaternen erlöschen. In ihrer Fantasie gaukeln bizarre Schatten ihr Geister vor.

Sie will gehen. Sie erstarrt, drückt sich in die Dunkelheit:

Dicht vor ihr kriecht ein schwerfälliges Untier:

Oh, je! Ein nackter Mann!

Im Lichtstrahl des Mondes sieht sie eine Frau mit einer Leine.

Carola grinst: So führt jeder auf seine Art sein „Liebstes" Gassi!

© Hella Lach

Rosenumrankte Bank

Vom Duft der Linden

Der Tag ist angefüllt vom Duft der Linden -
trunken wühlen Bienen in den Blüten,
unermüdlich bergen sie den Nektar,
der Vorrat für den Winter schafft,
den Hunger vor der Tür verbannt.

Nur wenig hat der Mensch gelernt von ihnen,
obwohl von Anfang an sie ihn begleitet haben.
Willig gaben sie von ihren Schätzen,
Weisheit lehren sie in einer Zeit,
wo wenige nach ihr noch fragen -
sie stehen füreinander ein und keine
ruht sich aus im Fleiß der Schwester.
Wenn ich bei meinen Bienen bin,
berührt der Streit der Welt mich wenig,
von Ferne nur erleb ich Kampfgetümmel
um Wahrheit, die ein jeder meint zu kennen.
Erkenntnis hat nicht nötig, laut zu sein –
im Stillen wird das Leben sich vollenden,
im Stillen nah bei Gott auf aller Schöpfung
stumme Worte staunend lauschen.

© Wilfried Milter

Worpswede

Land im Moor so weit
und flach wie ein Tuch
ohne Falten

so seltsam der Berg ...
ein Sandkorn fiel
aus eines Riesen Schuh.

Um ihn das ewige
Meer und taumelndes Licht -
Kiebitze lachen.

Stürmisch wächst der Wind:
nach seiner Pfeife tanzen
hell die Rohrflöten.

Noch blühen Disteln
am gurgelnden Ufer
duckt sich der Gagel.

Unterm Horizont
Wege gekrümmt und bleich
am Rande des Sommers.

Mondhelle Brücken
bauen die Birken ins Moor –
Irrlichter wandern.

© Dagmar Westphal

Im Torfschiff
nach einer Erzählung von Hermann Löns

Der Fischer wischt mit grober Hand
den Schweiß vom braunen Gesicht,
er stakt das Torfschiff durch den Kanal,
am Ufer nickt purpurn der Weiderich.
Die Segel gelöst auf der Hamme!
Wir schweigen vor endlosen Weiten
und unsere Augen baden in dem satten Grün.
Sie laben sich an brauner blauer Flut,
in der sich weiße Wolkenköpfe spiegeln
und Fische silbern ihre Kreise ziehen.

Wie groß und anders alles aussieht:
am Horizont die Bäume schwarz und schwer,
so leuchtend jede Blume, jede Krähe -
ein unheilvolles Rätsel rückt in unsere Nähe,
breit steigt ein Segel vor uns in die Höhe!
So fremde Stimmen weht der Wind heran,
das Segel schwarz und dunkel zieht
vor uns vorbei wie rotes Gold.
Ein Lächeln überfliegt das ernste Segel,
der Schiffer schaut uns nach und lächelt auch.

Und andere Segel ziehen her und dann der Berg
mit dunklem Baumgrün, Gelbhell seiner Dünen,
Libellen schwirren vor den Mühlenflügeln.
Ein fester Punkt klebt in der Landschaft,
ein Angler halb versunken in den Fluten.
Ein schwarzes Segel führt ein schwarzes Boot
auf schwarzer Flut durch stumme schwarze Wiesen.
Ganz nahe uns die starren dunklen Binsen -
so treiben langsam wir dahin und schauen
hinauf zu diesem einen goldenen Stern.

© Dagmar Westphal

Amrum

Hummelgebeugter
schwankender Duft
weißer Dünenrosen ...
deinen Schwestern verlieh
der Himmel sein Blau

wieder am Horizont wandern
mit dem zitternden Gras
das Sonnenlicht teilen
den Schrei der Möwen im Ohr

lange dem Liiv lauschen
wenn er plaudert
aus seinem Leben
drunten am Meer

zwischen den Fingern
zerrinnt
der Sand
und die Zeit ...

© Dagmar Westphal

Island

Du schaust das Land
der Sommersonnennacht -
nichts braucht die Erde nichts
als Himmel Wasser Felsen
und die Feuer
die in der Tiefe
schlummern

Verwachsen sind die Pfade
von Bimsstein überschüttet
Urgründe klaffen
flussabwärts
stürzt die Sonne
treibt in eisigen Fluten
Glut

In lichten Nächten
da Schwäne ihr Gefieder
schimmern lassen
vergehen Veilchen
noch ehe sie
des Menschen Blick   ge-
sehen.

© Dagmar Westphal

Fische

ihr Fische
ihr heiligen Fische
ihr heiligen Fische im Strome
ihr heiligen Fische im gleißenden Strome
ihr heiligen Fische im gleißenden Strome der Erde
ihr heiligen Fische im gleißenden Strome rettet die Erde
ihr heiligen Fische
im gleißenden Strome rettet die brennende Erde
ihr heiligen Fische
im gleißenden Strome rettet die brennende heilige Erde.

© Dagmar Westphal

Ich komme wieder wenn

ich komme wieder wenn
die Eisschollen wandern
im trüben Mittag

ich komme wieder wie
die Wildgänse im März
nach Norden treibend

ich komme wieder mit
dem Südwest gezogen
von Wolkenmähnen

ich komme wieder wenn
der Duft des Mairegens
die Steine bewegt

ich komme wieder wenn
die Nacht dem Licht entflieht
perlmuschelsternen

© Dagmar Westphal

Am Teich

Altweibersommer

Glutend erstickt der
Sommer Laute im Wald -
sanftes Knistern wenn
Zapfen sich öffnen
Harzgeruch süß wie
Weihrauchschwaden

blassgelbe Gräser vom
Herbst gestreichelt träumende
Wolken über der Welt -
Zeit verströmt

bin wieder Kind
atme des Lebens Summe
höre das Flüstern Gottes
wenn leichter Wind
durch die Wipfel geht ...

© Wilfried Milter

Berührung

eine berührung
holt mich
aus dem traum ich
liege und lausche
kein atmen lässt
dieses schweigen
erzittern und nimmt
dem dunkel gewicht
immer noch
läuft mein sehnen
zu dir
sucht dich wo
du auch bist
erzählt dir
von mir komm doch
zurück flehen
die bilder du
weißt es niemals
verschließ ich
die tür lausche auf
deine schritte.

© Wilfried Milter

Ungläubig

Dunkle Verzweiflung
gemauert
in deine Blicke
hoffe du findest zurück
lässt hinter dir Strände
zertrümmerter Schiffe
bewahrst noch die Muschel
in der das Rauschen
unsrer Liebe gefangen -
mit erstickender Stimme
sag ich: es gibt
noch immer
den Platz neben mir
der auf dich wartet
wenn du vielleicht
zurück findest
für immer.

© Wilfried Milter

Ich habe dir vertraut

leben wertvolles
erinnern begraben
der schmerz vergessen
ihn mitnehmen wertlos
geweinte tränen
wertvoll
was mir genommen
bis zum letzten atemzug
loslassen
vergessen

© Hella Lach

Noch immer

Noch immer
ist dies unser Zimmer
ich hör deinen Atem
zu nächtlicher Stund'
spür deine Lippen
auf meinem Mund
und deine Hand
die du mir gereicht
ahne dein Lachen
Einsamkeit weicht
möchte so gerne
mit dir erwachen

© Hella Lach

Dunkel

Willkommen du Hauch
von Wärme und Traurigkeit -
ein Scheit im Kamin
schürt den geselligen Kreis
still versprühter Gedanken.

Ein einziges Mal
tief in den Brunnen geschaut
und nun gezeichnet
vom nicht vergessen können
des dunklen Kusses Schwebe …

© Dagmar Westphal

Vergissmeinnicht

Unverhofft

Schon übernahm das Lied
der Nachtigall die Lerche
schon stieg der Rauch
in unverhofftes Blau.

Schon färbte Dein vergossenes
Blut die zarten Federkehlen
zu Melodien
lösten sich die Seufzer.

Schon nahten sich die fernen
Farben eines neuen Morgens
lösten sich die Schleier
einer langen Nacht.

Schon gab der Felsen
aus der Tiefe seines Grundes
alle Wasser frei der Erde
unerschöpflich.

© Dagmar Westphal

Über der Heide

Über der Heide verströmt sich der Regen.
Ich geh zu den Eichen, wo wir uns trafen -
immer noch wartet die Bank.

Mond ruht sich aus auf den Ästen - so viele Jahre
denk ich an dich, träume noch immer: du
setzt dich neben mich.

Es raschelt so wie deine Schritte, kühler Hauch
aus der Heide streift mein Gesicht,
was es auch war, das mich berührte –
du warst es nicht.

© Wilfried Milter

Du liebtest sie

Du warst
von ihrem Duft verzaubert -
wir suchten
sie in jedem Jahr wenn andere
noch schliefen liebkosten sie
den Boden

Du gingst
vor langer Zeit
über diesen Horizont -
die Erde über dir
hab' ich bepflanzt
mit Veilchen

Als ich heute
dich besuchte
am Platz wo alle Weiden trauern
fand ich kein Veilchen blühend mehr -
doch ihre Blätter streichelten
dein Bett

Ein neuer Frühling
wird sie wecken -
es ist schon Abend als ich gehe und
Bäume laublos säumen meinen Weg -
die Vögel finden ihre Plätze und ich
ein leeres Haus

© Wilfried Milter

Mutter

Ich zähle die Jahre
erschrecke
sie sind wie Tage
seit du gegangen
noch immer
die Decke dort
der Sessel
am gleichen Ort
deine Stimme
füllt diesen Raum –
ein Traum.

© Hella Lach

Zuneigung

Ein Kind
spielt mit den Händen
seiner Mutter und sie fühlt
was es ihr nicht sagen kann.

Ein Psalm
tanzt fort im Äther
einer stummen Traurigkeit
ein Mensch vernimmt sein Klingen.

Ein Wind
malt neue Muster
in ein stilles Meer von Licht
und die Nacht zerfällt.

Ein Halm
sieht einen Blinden
den Berg erklimmen – gibt ihm den Duft
des Brotes und spürt nicht sein Gewicht.

© Dagmar Westphal

Unterwegs

Lebenszeit unzulänglich
Traumzeit dir unzugänglich
Welt bricht in Brüche
zerfällt lebenslang
Zeit sinkt zusammen
ans Ende der Zeit -
Überbrücken der Zeit
im Fluss sein mit mir
über Brücken zu Dir
GEHEN

© Dagmar Westphal

Gelbe Rose

Die andere Station

Das Gespräch ist beendet. Almut zieht die Schultern hoch, kalt und steif fühlt sie sich.
Wochenlang hat sie versucht, einen Arzt zu sprechen, sie muss unbedingt wissen, wie es mit Jerome weitergeht. Wann kann sie ihn nach Hause holen?

Heute früh endlich das Gespräch mit der Ärztin auf dem Flur:
„Nach dem zweiten und letzten Eingriff zeichnet sich ein langsamer Heilungsprozess ab. Ihr Mann ist noch sehr geschwächt. Nein, auf keinen Fall können Sie ihn zu Hause pflegen. Das schaffen Sie nicht. Morgen werden wir ihn auf eine andere Station verlegen."

Almut tritt ins Krankenzimmer, das Bett steht am Fenster. Jeromes Kopf liegt so, dass er nach draußen sehen kann. In ein paar Tagen ist Frühlingsanfang. Ob er seinen Platz im Rollstuhl am Schreibtisch vermisst? Und den Garten mit den Vögeln, die so eifrig ums Vogelhaus schwirren? Wie soll er hier in diesem Umfeld wieder zu Kräften kommen? Sie schiebt den Stuhl näher ans Bett.

„Hallo", sagt sie zaghaft. Jerome lächelt und versucht zu antworten, aber seine Stimme ist so leise, dass sie ihn nicht versteht. Sie lächelt zurück und schweigt. Von dem Gespräch mit der Ärztin will sie ihm nichts erzählen. Doch was soll sie ihm sagen? Seine Augen schauen sie fragend an. Ununterbrochen. Sie lehnt sich zurück, streicht über ihre Stirn und schließt die Augen, möchte sie am liebsten nicht mehr öffnen.

„Ich möchte ein Eis", hört sie ihn plötzlich sagen.
„Ja, ich werde dir eines aus dem Café holen!" Endlich hat er einen Wunsch! Freudig macht sie sich auf den Weg. Unter-

wegs begegnet ihr die Ärztin.

„Wollen Sie schon gehen?"

„Nein! Stellen Sie sich vor, er hat Appetit auf ein Eis!"
„Das darf er nicht." Fragend schaut sie die Ärztin an.
„Er schluckt nicht."
Mit dieser Aussage lässt sie Almut allein.

Jerome hört ihr zu, dann dreht er wortlos den Kopf zur Seite.
Die Worte stehen im Raum: schluckt nicht … und morgen auf eine andere Station …
Almut findet keinen Zusammenhang. Schweigen. Sie hört gleichmäßige ruhige Atemzüge.
„Bis morgen, Jerome", flüstert sie. Kein Streicheln zum Abschied, sie will ihn nicht stören.

Am nächsten Morgen reißt sie das permanente Klingeln des Telefons aus dem Schlaf. Das Krankenhaus! Welcher Tag ist heute? Freitag, der 15. März.

Für Almut bleibt nur noch, seinen Nachlass zu ordnen.

„Er schluckt nicht, und morgen kommt er auf eine andere Station …"
Hat vielleicht Jerome diesen Satz richtig gedeutet? Nun weiß sie es: die Ärzte nennen den Raum zum Sterben „die andere Station". Auch die Ärztin wusste es - aber warum nur, warum hat sie es nicht deutlich gesagt, fragt sich Almut immer wieder. Sie wäre doch länger geblieben - das letzte Mal.

© Hella Lach

Winter

Ruhelos warten auf …
liegt da
weiß nicht
Zeit hell und dunkel
Stimmengewirr …
weiß nicht …
Bettdecke weiß und rot
Hände streichen darüber
weiß nicht ob …
der Winter vorüber.

© Hella Lach

Gebeugt

Vergiss die Zeit
die zerrinnende
und sei ein Fenster
zu meinem Haus:
Flamme erlischt
einsam im Wind
gebeugt
halt aus
versuch mich nicht
zu verstehen
entsorge den Tod
mir nicht
Zyankali
Zuwendung
gib mir.

© Dagmar Westphal

Zweifel

Dunkelheit weicht
Licht durchflutet
seine Seele
erinnert sich
an Verbundenheit
glücklich
sein Körper alt und siech
von Lebenslinien geprägt
hört: wir lieben dich.

© Hella Lach

Heimat

Er liegt
in gegrabenen Gräben
wartet
mit seinen Kameraden
den toten und den hoffenden
hört fernes Dröhnen
hält diese Hand
nahe das Stöhnen -
Schweigen.

© Hella Lach

Verlassen

Die Erde schreit
mich dürstet sehr
die Erde bebt
wo bist Du Gott
leben will ich leben.
Wo bleibst Du Gott
mich hungert sehr
steig doch herab in
meine Welt muss hassen
mich muss hassen
Es kräht kein Hahn
nach Dir mein Gott
so lang die Nacht
von meiner Hand
verleugnet und verlassen.
Das Dunkel weicht
noch diese Nacht
bin ich bei Dir
in Deiner Welt
will lieben ich will lieben.
Der Morgen naht
die Angst zerbricht –
alle Sinne die Dich riefen
lösen Lieder die noch schliefen
zwischen Gräben tief im Licht.

© Dagmar Westphal

Zur Genesung

In deinen Nächten hast du oft geweint –
der Engel der dir vor die Füße sprang
und dich aufs Krankenlager zwang:
er hat es gut mit dir gemeint.

Nun hast du Zeit
für ein Gespräch und ein Gedicht
wenn liebevoll die Stille spricht
bist du vielleicht für ein Gebet bereit
für den Gedankengang zu zweit.

Dein Weg ist weit –
verlier den Boden
unter deinen schwachen Füßen nicht:
am Ende eines langen Wartens
fühlt deine Seele das ersehnte Licht.

© Dagmar Westphal

Ein Mensch

Da war mal ein Mensch
liebte bedingungslos
die Lilien die Kinder
und Vögel des Feldes
stand auf gegen Herrschaft
von Unrecht und Gleichgültigkeit
Lieblosigkeit und Gewalt
stand auf und durchkreuzte den Tod
sagte was hast du
erreicht wenn du hasst
deine Feinde die kranken
brauchen dich sehr
verrate sie nicht

da war mal
ein Mensch
überliebte
den Tod

© Dagmar Westphal

Fingerhut

Das Mädchen

Seine Tage im Sanatorium waren voller Einsamkeit, doch er langweilte sich nicht. Er konnte Blumen oder einen Baum lange betrachten, versunken in Farben und Formen. Seine Augen waren in die Ferne gerichtet, um dort etwas wahrzunehmen, was anderen verborgen blieb, gewiss nichts Erschreckendes, denn stets lag ein feines Lächeln um seinen Mund. Es machte sein Gesicht weich und legte seine Traurigkeit bloß. Man musste genau hinsehen, um es zu entdecken. Aber wen interessierte das schon?

Ging er im Haus an den anderen vorbei, übersahen sie ihn. Sie starrten angestrengt ins Leere oder vertieften sich in Gespräche. Er war anders als sie, man ging ihm voller Höflichkeit aus dem Weg.

Er war zu lange im Park gewesen, hatte zu lange unter der alten Schirmfichte gestanden und den Schneeflocken zugeschaut, die von keinem Hauch bewegt herniederschwebten. Bis auf ein feines Singen, das mit dem Schnee zu ihm kam, war eine große Stille um ihn. Sie hüllte ihn in einen warmen weichen Mantel. Er hing seinen Gedanken nach und schaute in den sanft fallenden Schnee, der eine frühe Dämmerung mit sich brachte. Alle Bilder in ihm wurden undeutlich.

Das Konzert hatte er fast vergessen, so waren nur noch einige Plätze in der ersten Reihe frei gewesen. Er fühlte sich unbehaglich und wünschte, es möge beginnen. In seinem Rücken spürte er die gebündelten Blicke. Unsinn, dachte er, niemand hat mich bisher beachtet, warum jetzt?

Fast lautlos nahmen die Vortragenden ihre Plätze ein. Unmerklich dämpfte sich das Licht, zart schwebten die ersten Töne über die Reihen, schwollen an wie Wasserwogen, nahmen all seine Gedanken gefangen und schwemmten alles Bedrückende davon. Mit geschlossenen Augen ließ er sich davontragen, überlegte nicht mehr, empfand nur noch. Er spürte etwas in sich heraufsteigen, unaufhaltsam stieg es höher, würgte ihn, füllte die Augen und drängte sich durch die geschlossenen Lider. Er war überrascht und verwirrt. Wie lange war es her, dass er geweint hatte?

Weit fort trug ihn die Musik, er vertraute sich ihr an. Was lange in ihm geschlummert hatte, brach hervor. Es war ihm gleichgültig, was die Leute dachten. Er überließ sich diesem Strom und hoffte, dass er ihn an ein sanftes Ufer spülen möge. Als er den Blick hob, dauerte es eine Weile, bis er sich an das Licht gewöhnte. Ein dunkles Augenpaar sah ihn unverwandt an. Anfangs glaubte er, er träume. Er schloss seine Augen wieder, doch als er sie erneut öffnete, waren diese Augen und das Gesicht noch immer da. Und dieses Gesicht lächelte ihm zu. Sollte wirklich er mit diesem Lächeln gemeint sein?

Als sich wieder ihre Blicke trafen, zwinkerte sie ihm zu. Kein Zweifel, sie meinte ihn. Sein Herz machte einen Hüpfer, begann wie wild zu schlagen, das Blut rauschte in seinen Ohren – nur wenige Meter von ihm entfernt saß ein betörend schönes Mädchen im Orchester, das ganz offensichtlich ihn meinte! Alles um ihn herum war ausgelöscht, nur dieses Gesicht mit den dunklen Augen war Wirklichkeit. Da war jemand, dem er nicht gleichgültig war.

Doch plötzlich waren sie wieder da, diese bohrenden Gedanken. Was würde sie sagen, wenn sie sähe, wie schwer ihm das Gehen fällt. Sie war mindestens zwanzig Jahre jünger als er, etwa siebzehn könnte sie sein. Du Narr, sagte er sich, du alter Narr, du könntest ihr Vater sein. Doch mit Erschrecken spürte er, dass die Worte keine Macht über ihn hatten. Krampfhaft versuchte er, an etwas anderes zu denken, doch ebenso hätte er seinem Herzen befehlen können, nicht mehr zu schlagen. Schmerzlich empfand er seine Einsamkeit. Sollte es möglich sein, dass die Liebe noch einmal zu ihm käme?

Trauer und Hoffnung mischten sich in ihm. Aus weiter Ferne hörte er die Musik, sie hatte ihn fort getragen hinein in diese Augen, und er wünschte sich, das Konzert möge niemals enden. Er fürchtete, diese Augen könnten aus seinem Leben wieder verloren gehen, wenn die Musik verklungen war. Nichts ist geschehen, sagte er sich. Doch seine Gedanken wirbelten im Kreis wie dürres Laub, das der Wind mit scharrenden Geräuschen durch die Straßen treibt, bis es irgendwo aufgetürmt an Zäunen liegt und dahinmodert, einen feinen feuchten Geruch von Verwesung und Tod verbreitend …

Wie sollte er sich verhalten, wenn das Konzert zu Ende ging? Sollte er im aufbrausenden Applaus den Saal verlassen oder so lange bleiben, bis sich der Saal geleert hatte? Vielleicht wäre es besser, gleich zu gehen. Sie würde sehen, dass er ein Krüppel ist, und ihre Augen würden sich an ihm vorbei ins Leere verlieren. Diese Reaktion erlebte er oft, es schmerzte immer wieder. Er entschloss sich für das frühe Gehen und überließ sich wieder der Musik.

Die Töne perlten durch ihn hindurch. Aus weiter Ferne kamen Erlebnisse aus seiner Kindheit, die Bilder erschreckten ihn noch genau so wie damals. Die Töne hatten sie zurückgebracht – oder waren es diese Augen? Sie legten in ihm Verschüttetes frei, so deutlich, als schaute er durch eine riesige Lupe. Diese seltsamen durchsichtigen Herbsttage waren es, die er als Kind wohl deshalb im Gedächtnis behielt, weil das Erlebte von einer Intensität war wie weniges in seinem Leben. Man munkelte, dass der Feind immer näherkäme. Er konnte sich nichts darunter vorstellen. Aber die Erwachsenen waren anders als sonst. Kein Lachen war zu hören. Vor ihm versuchten sie wie immer zu sein, doch wenn sie sich unbeobachtet fühlten, waren ihre Gesichter in Sorge. Sie dämpften ihre Stimmen, wenn sie miteinander sprachen. Und auch er sprach nur noch leise mit seinen Holzpferdchen, wenn er sie über den Hof zog.

Beifall brandet auf, das Konzert ist vorüber. Er will gehen, doch er braucht noch etwas Zeit, um sich zu sammeln. Die Menschen strömen dem Ausgang entgegen, nur er sitzt noch immer hier. Er will sich erheben, da legt sich eine Hand auf seine, er spürt die Wärme, die zu ihm herüber fließt. Langsam hebt er den Blick und sieht in diese Augen, Lichtreflexe tanzen darin. Und er hört eine Stimme, sanft und voller Zärtlichkeit:
„Ich wusste, irgendwann im Leben begegne ich dir, doch dass es so bald sein würde, habe ich nicht geglaubt."

Er ist sprachlos, sein Hals ist wie zugeschnürt. Hilflos versucht er ihr zu erklären, dass er ein Krüppel ist, einer am Rande der Gesellschaft. Rau kommen die Worte aus seinem Mund. Ihre großen dunklen Augen sehen ihn an, wortlos legen sich ihre Arme um seinen Hals. Ihre Lippen wandern über sein Gesicht, suchen seinen Mund und küssen ihn voller Zärtlichkeit.

Eine Stunde bleibt ihnen, bevor das Orchester mit dem Bus zurückfährt.

Noch immer fällt sanft der Schnee, kein Hauch wirbelt die Flocken durcheinander. Wie verwandelt ist der Abend, das Licht der Laternen dringt zu ihnen herüber. Er fühlt etwas, das er zuvor nicht kannte. Geflüsterte Worte, dann wieder Schweigen, unaufhörlich fällt der Schnee.

Die Stunde fliegt dahin, lärmend stürmen die Mitglieder des Orchesters den Bus. Ein letzter Kuss und ein Versprechen, sich wieder zu sehen. Lautlos schließt sich der Schneevorhang hinter dem Bus. Für einen Moment noch das Motorengeräusch, dann Stille, die in den Ohren rauscht. Lange noch steht er im fallenden Schnee, kann nur schwer begreifen, dass an ihm etwas ist, das man lieben kann. Zu oft hat man es ihn spüren lassen, dass er ein Krüppel ist. Erst langsam beginnt er zu glauben, dass es auch anders sein kann. Stumm ist die Leiterin des Sanatoriums an ihn herangetreten. Behutsam legt sie ihm den Arm um die Schultern und führt ihn ins Haus zurück.

Er erfuhr es erst am nächsten Tag:
Im fallenden Schnee hatte ein Lastzugfahrer ein Stoppschild übersehen und war seitlich in den Bus gefahren. Es gab einige Leichtverletzte – nur dort, wo das Mädchen gesessen hatte, klaffte ein riesiges Loch im Bus.
Man sagte ihm, sie sei auf der Stelle tot gewesen.

© Wilfried Milter

Schneeglöckchen

Der Rollstuhl

Milchiges Morgengrau sickert ins Fenster. Die Hündin bellt und kratzt an der Schlafzimmertür. Höchste Zeit aufzustehen und mit ihr hinauszugehen. Karlheinz rollt sich schwerfällig an die Bettkante, angelt nach seinen Socken, die eingerollt irgendwo da unten liegen, und bringt sich mühsam in die Senkrechte. Das Kreuz schmerzt wie immer nach der Nacht. Egal – das Tier fordert sein Recht.

Karlheinz nimmt den Trainingsanzug von der unbenutzten Seite des Doppelbettes, zieht ihn über den Schlafanzug und drückt den Türgriff hinunter. Sofort zwängt sich die Hündin durch den kaum geöffneten Türspalt und reißt ihn vor Freude fast zu Boden.

„Ist ja gut, meine Milli, ist ja gut. Wenn du nicht wärst, würde ich im Bett bleiben, bis sie mich wegtragen würden – dorthin, wo unser Frauchen liegt."

Er füttert die Hündin, füllt die Kaffeemaschine und geht in den Schuppen, um Kaminholz zu holen – jeden Morgen das gleiche Ritual. Um aber an das Holz zu kommen, muss er zuerst den Rollstuhl aus dem Schuppen ziehen und ihn anschließend wieder hineinschieben. Das ist zwar umständlich, aber noch kann er sich nicht von ihm trennen. Im Frühjahr starb seine Frau, das Kaminholz des letzten Winters war verbraucht, so war Platz gewesen für den Rollstuhl. Nun lagert neuer Holzvorrat im Schuppen für die kommende kaltdunkle Zeit.

Zu Lebzeiten seiner Frau hatte der Rollstuhl seinen Platz im Hausflur unter der Treppe, die ins erste Stockwerk führt. Aber Karlheinz ertrug den täglichen Anblick des leeren Rollstuhls nicht, darum hatte er ihn in den Schuppen verbannt. In der Frühe kann er den Schmerz der Erinnerung leichter ertragen als in den übrigen Stunden des Tages. Denn wenn er den Holzvorrat für den langen vor ihm liegenden Tag ins Haus getragen hat, wartet die Hündin schon mit blanken sehnsüchtigen Augen auf den gemeinsamen Gang zum Bäcker.

Sie ist ein folgsames Tier, ist von klein auf gewohnt, frei neben ihm zu laufen und aufs Wort zu gehorchen, denn er brauchte immer beide Hände, um den Rollstuhl zu schieben.

An diesem Morgen aber hat die Hündin eine Spur aufgenommen: ihre Nase gleitet über den Boden, ihre Läufe gehorchen ihrer Nase und nicht der Stimme ihres Herrn. Karlheinz ruft sie, brüllt aus Leibeskräften, greift nach der Trillerpfeife in seiner Hosentasche. Vergeblich.

Er sieht nicht, wie es passiert. Die Hündin war schon hinter der nächsten Straßenecke, als das Inferno seine Ohren erreicht. Nie wird er es vergessen können. Am Unfallort angekommen bricht er zusammen. Die Sanitäter des Rettungswagens versorgen ihn und die Verletzten und sammeln die tote Hündin ein.

Als er im Krankenhaus das Bewusstsein wiedererlangt, trifft ihn die Wahrheit wie ein Dolchstoß.

Nun ist er ganz allein.

„Sie haben großes Glück gehabt", sagt die Schwester zu ihm, „nicht immer sind bei einem Herzinfarkt sofort zwei Sanitäter zur Stelle."
„Mein Hund, meine Milli", stöhnt er.
„Das kleine Mädchen hat überlebt, nur das linke Bein musste amputiert werden."
„Das will ich nicht wissen", schreit er, „warum sind Sie so herzlos!"

Die Besuchszeiten sind die schwersten Stunden des Tages für ihn. Da ist niemand, der ihn besucht. Seine Frau und er waren kinderlos geblieben. Sie hatten keine Freunde, waren sich selbst genug gewesen.

Es klopft. Er dreht sich auf die andere Seite, will nicht sehen, wie sich sein Bettnachbar über Besuch freut. Aber die Schritte bleiben vor seinem Bett stehen, und er hört eine traurige Frauenstimme sagen:
„Es tut mir so leid für Sie, Herr Krause, vielleicht kann ich Ihnen irgendwie helfen …"

Er schaut auf. Eine junge Frau steht verlegen vor ihm.

„Ich habe meine Tochter besucht. Gottlob geht es Tanja schon etwas besser. Aber sie wird nie wieder wie andere Kinder …", es fällt ihr schwer weiter zu sprechen, „ich hörte, dass Sie erst vor kurzem Ihre Frau verloren haben, und nun auch noch Ihren Hund …"

Karlheinz Krause ist irritiert. Sein Hund ist ins Auto dieser jungen Frau gelaufen, ihre kleine Tochter hat bei dem Unfall ein Bein verloren, und nun steht diese Frau vor seinem Bett und fragt ihn, ob sie etwas für ihn tun könne. Er schluckt.

„Wenn Sie vielleicht einen … Rollstuhl … brauchen", stammelt er, „die Dinger sind nicht so billig zu haben."

„O, das würde mir sehr helfen", hört er, „ich bin arbeitslos."

Er drückt auf die Klingel.

„Schwester, wann kann ich aufstehen und wann nach Haus?"
„Nanu, Herr Krause, auf einmal so eilig?"
„Ja, hab keine Zeit zu verlieren."

Am nächsten Tag steht er am Bett der kleinen Tanja, am Wochenende wird er entlassen, am Montag ist er wieder da. Von da an kommt er täglich zu Tanja, liest ihr etwas vor und erzählt ihr Geschichten. Die Spielsachen türmen sich auf Tanjas Bett.

Nach 6 Wochen lernt der alte Rollstuhl seine junge Besitzerin kennen. Tanja darf das Krankenhaus verlassen. Und ihre Mama hat einen neuen Job gefunden. Sie ist sehr froh, weiß sie doch ihre kleine Tochter in guten Händen bei Karlheinz Krause. Er ist wirklich ein sehr fürsorglicher alter Herr. Alter Herr? Sie ist sich darin nicht mehr so sicher. Als er gestern früh Tanja abholte, war eine sehr liebenswürdige ältere Dame an seiner Seite.

© Dagmar Westphal

De schöönste Dag

Stine Janssen treckt sik sachte trüch, denn oehr Dochter Inken hat se fest umfoot. Strickt oehr övert Hoor un gift ehr`n Seuten. Denn verlett sei lies de Koomer. Inken feult den Breif in oehr Handen. Lees em glieks, harr oehr Mudder secht.

Sei set`t sik uppen Staul, de an`n Bedde von jüm oehr Tante Clara steit. Nu is sei inslopen, denkt Inken und mookt den verschlotenen Umschlag up. Doar is een Foto un een proppenvull beschraebenet Blatt Papier in.

Mien Deern!
Huüt, wenn du duesse Reegen lisst, droef ik di eenmal so ansnakken, miene leibe Inken.
Ik woer bi diene Geburt dorbi. Ik haef dik vor dien Mudder in`n Arm hoolen. Ik haef dik wuschen un antrocken un di erst achterna in de Arms vun dien Mudder lecht. Foor een korten Ogenblick woerst du mien Meeken. Ik haef dik upwassen sein un miterloeft, wo du diene ersten Stappen mookt hast. Dor werst du juest en Joar olt. Heff diene luetjen Arms und de natten Seuten von dik feult. Heff dien Queesen und Krein as Musik foer mik föolt. Dien erste Woort woer Mama. Un denn hest du Cara or Papa juemmer raupen, as du een vun us Stimmen hoert hest. Veel tau rasch woerst du groot.

Unvorgetten blift mik diene Doep, dien ersten Schooldag und diene erste Sandkastenleev. Villicht hast du dat al vorgetten, hei heete Horst. Veel Doenjes, ok bi mik hast du utfreten. Wi konnen dik nich argerlich woen, besünners nich, wenn du ett taugeiwst und poppenlustig lacht hest. Bloos eenmal, dor hest du bitterlich weent un weent! Hei woer diene erste groote Leev. Doch hei hat di nichmol ankeken. Ober ik droef di troesten!

Wenn du mik froagen deest, watt woer dien schöönste Dag? Denn koenn ik blos antern: Jeden Dag, den ik bi dik woen droef, was de schöönste Dag.

Inken was bannig ruhig worn. Se maakt gornich, dat sei oever de Hand von Tante Clara strickt. „Du Gaue", suustert sei und kiekt se an. Sei süt dat witte Antlaat vun jümer Tante.

„Uck ik haer veele schööne Daag daerch dik. Ick dank dik dor för."

Sei list wieder.

Inken, nu möch ik dik aen Soak verroa'n, de uck diene Mudder nich wetten deit. Ik weit, dat de Lüüd in usen Doerp so maennichmal oever mik, de oole Jungfer, lacht und sludert woorn is. Woer sik tau fien, drift de Mannslüüd von sik, keener woer gaut nauch. Mik hat datt bannig weih doon. Wat wuessen dei von mik, bloos, dat ik in de Stadt voele Joar arbeit harff. Eines Dags woer ik wedder door und ik bleif.

Ik hoef Christoph oever alles leev hat. Wi hoern ne luetje
Woohnung. Wi wull'n uns tosamen schrieben loten. In dree
Dag schoell use Hochtied woen. Still und alloen, so hefft wi
us dat dacht, bloos mit twee Frünnen as Tügen, wollen wie
duessen Dag fiern.

„De schöönste Dag," use Hochtied, schoell use Leev foer
juemmer fasthoolen. Un denn keom duesse Unfall. De Fah-
rer woer afhaut! In`n Krankenhuus swoorten wi us Leev
und Tro bit in alle Ewigkeit. Christoph is dootbleben in
mienen Arms.

Inken, wenn du duesse Reegen list, bin ik al bi Christoph.
Miene Leev tau em is nienich tauenne.
Leefste Inken, ik woer di nienich vorgetten. Wees nich
trurich. Hüüte is de allerschöönste Dag för mik.

    Gott hol siene Hand oever dik.

    In Leev diene Tante Clara

© Hella Lach

Du

die Zeit der Sommer
neigt sich dem Ende
Freude verlieren
zaudern und hadern
schau vorwärts
hoffe

Du
die Zeit der Herbste
bringt mir die Ernte
Kräfte verwelken
Blüten und Blätter
schau vorwärts
erwache

Du
es ist Zeit
lebe den Tag

sag ja
gewinne

© Hella Lach

Irgendwo

Gibt es den Ort
wo ich zuhause bin
der mehr ist
als ein heißes Sehnen
und mehr
als flüchtige Erinnerung?

Wo ging er hin der Mann
der mit den Leuten sprach
mit Worten
die sich nicht im Wind verlieren ...

© Wilfried Milter

Vielleicht

Nichts halten können
in haltloser Welt
nur liebend verwalten
was sie erhält

Behutsam gestalten
in rastloser Zeit
erkennen dürfen
was sie entweiht.

© Dagmar Westphal

Goldfelberich

Nachklang

Und so bleiben Augenblicke der Erinnerung, so wie die Stunden am alten Allerarm, wo wir zu dritt Worte und Kirschen teilten ...

Wir denken an die ungezählten Stunden, in denen wir Essen und Trinken vergaßen, denn vor uns lag ein unbewältigter Berg Papier und die Vision eines gemeinsamen Buches.

Wir sind gern auf diesen Berg gestiegen, denn versprochen ist versprochen.

Hella und Dagmar

HELLA LACH

Veröffentlichungen:

„Mein Augenzugesicht"
- Kurzgeschichten

und in Anthologien

WILFRIED MILTER

Veröffentlichungen:

„Trotzdem"
- Gedichte

„David"
- Novelle

„Mona Lisa ' 58"
- Erzählungen

DAGMAR WESTPHAL

Veröffentlichungen:

„Umarmt von Licht und Sand"
- Lyrik

„Eine Tür öffnen"
- lyrisches Adventstagebuch

„Vogel Krok"
- Phantastische Geschichten

und in Anthologien

Liederbuch:
„Mein Herz ist hell" neue Liedtexte auf alte Kirchenmelodien, 2. Erweiterte Auflage.